KB028691

누가 나르시시스트일까?

한 입 크기 철학 ❶
누가 나르시시스트일까?

초판 인쇄 2020년 06월 20일
초판 발행 2020년 06월 25일

지은이 피에르 페주
그린이 알프레드
옮긴이 이수진
펴낸이 조승식
펴낸곳 돌배나무
공급처 북스힐
등록 제2019-000003호
주소 01043 서울시 강북구 한천로 153길 17
홈페이지 www.bookshill.com
이메일 bookshill@bookshill.com
전화 (02) 994 – 0071
팩스 (02) 994 – 0073

정가 9,000원
ISBN 979-11-966240-4-0

* 잘못된 책은 구입하신 서점에서 바꿔 드립니다.

Sommes-nous tous narcissiques?
Pierre Péju & Alfred

피에르 페주 & 알프레드

누가
나르시시스트일까?

왜 이렇게 셀카를
많이 찍을까?

　　　　　　얼마 전, 로마의 팔라초 코르시니 국립고전미술관을 방문했을 때의 일이다. 이탈리아의 화가 카라바조 Le Caravage가 그린 나르키소스 그림이 전시된 방에 들어서자 놀라운 광경이 펼쳐졌다. 많은 관람객이 작품을 바라보고 있는 게 아니라 작품으로부터 등을 돌리고 있는 것이었다! 저마다 셀카봉에 매단 스마트폰으로 '자신'의 얼굴을 찍는 데 정신이 팔려있었다. 미술품 관람이 아니라 셀카를 찍으러 온 게 아닌가 싶을 정도였다. 카라바조의 그림은 그들이 주인공인 무대의 배경에 불과했다. 사진을 돋보이게 해주는 유명한 작품을 배경으로 둔 채 자신의 모습에 감탄하는 것이 그곳에서 그들이 느끼는 유일한 기쁨 같았다.

　자신과 사랑에 빠진 나르키소스의 그림에 다들 전염이라도 된 것일까? 그건 아니다! 이들뿐 아니라, 같은 시각 뉴욕, 예루살렘, 베를린, 도쿄를 비롯한 세계 곳곳에서 수십만 명에 달하는 사람들이 유명 관광지나 평범한 일상에서 열심히 셀카를 찍어 자신의 SNS에 업로드하고 있으니 말이다.

새로운 나르시시즘의 탄생?

그렇다면 언제 어디서나 셀카를 찍는 사람들은 우리가 아는 그 오래된 신화 속 나르키소스와 같을까? 아니면 20세기 말에 등장해 전 세계에 빠른 속도로 퍼지고 있는 새로운 종류의 나르시시스트일까? 우리가 아는 그리스 신화 속 나르키소스는 맑은 샘물에 비친 자신의 모습, 상(像)과 사랑에 빠지지만, 그것과 포옹도, 입맞춤도 하지 못한다는 사실을 깨닫고 절망에 빠지는 젊고 아름다운 청년으로 묘사된다. 깊은 좌절감에 시름시름 앓던 나르키소스는 결국 죽음에 이르지만 현대의 셀카족들은 나르키소스처럼 앓지도, 죽지도 않는다. 이들에게 자신을 뽐내며 사진을 찍거나, 사진 속 모습과 사랑에 빠지는 건 일종의 놀이일 뿐이기 때문이다. 그렇다고 해서 문제가 전혀 없는 것도 아니다. 신기술 덕분에 자신의 사진을 너무나 쉽고 안일하게 찍을 수 있게 되면서 새로운 문제들이 생겨났다. 사진 속 모습이 자신의 진정한 모습이라고 생각하고, SNS상에 진정한 자신을 드러낸다고 믿으며 외면만을 만들어 내고 있기 때문이다. 셀카를 찍으면 찍을수록 우리는 본질에서 멀어진다. 사진 속 순간들은 금방 지나가 버리고 쉽게 변하는 것이기 때문에 우리의 정체성을 결코 대신할 수 없다. 이런 상황에서 우리는 언제나 인간 사회의 주요 화두가 되었던, 나라는 존재 자체와 그 연속적 의미를 탐구하는 "나는 누구인가?"라는 질문에 과연 올바르게 답할 수 있을까?

나를 알 것인가,
나를 보여줄 것인가?

소크라테스Socrate의 "너 자신을 알라"는 말은 개인주의적 의미도, 자화상을 그리라는 뜻도 아니었다. 자화상은 오로지 눈으로 보고 감각으로 느끼는 것일 뿐이다. 소크라테스가 말하고자 했던 것은, 나를 인간답게 만드는 것이 무엇인지를 알고 그것을 인정하라는 것이었다. 따라서 "너 자신을 알라"는 것은, "네 본질에 다가가라"는 말이며, 인간이 공통으로 가지고 있는 특성이자, 모호해서 인지하기는 어렵지만 변하지 않는 인류의 보편적인 특성에 다가가라는 뜻이다. 이러한 특성은 사진으로는 결코 담아낼 수 없다. 진정한 자기 자신을 알기 위해서는 사유(思惟)와 사색(思索)의 힘이 필요하다. 따라서 찍을 때마다 달라지는 이미지만을 만들어 내는 것은 오류이고, 본질을 축소하는 것

이다.

이렇게 현대의 나르시시즘은 소크라테스가 말한 것과는 정반대의 길을 걷고 있다. 우리 존재의 일부 혹은 전부가 외모에만 있다고 믿도록 만들고 있기 때문이다. 오늘날 공인이나 일반인 할 것 없이 자신의 이미지에 과도하게 집착하는 것도 이 때문이다. 자신의 외모를 걱정해 옷차림, 몸매, 미용, 성형수술에 열광하고, 일거수일투족을 페이스북이나 인스타그램에 기록한다. 또한 온갖 유행을 따르며 가짜 정체성을 만들고, 배우, 가수, 축구 선수, 반짝스타와 비슷해지려 노력하며, 심지어는 그들과 자신을 동일시하기까지 한다. 소크라테스가 한 말에 따르면, 이러한 행동은 스스로 함정에 뛰어드는 것과 같다. 특히 정치인과 언론인은 자신의 이미지나 명성에 흠이 가지는 않을까 매 순간 전전긍긍한다. 따라서 이들은 대중에게 더욱더 매력적으로 보이기 위해 이미지를 끊임없이 가꾸고 변형한다. 이와 같이 자신의 진정한 모습이나 생각을 보여주는 게 아니라, 인공적으로 만들어 낸 이미지를 내세우고 거기에 자신을 끼워 맞추는 것은 나르시시즘적 욕구 때문이 아닐까? 진정한 정치보다 '정치쇼'가 만연한 현대사회가 만들어 내는 건 신념을 가진 지도자가 아니라 나르시시스트가 아닐까? 실제로 정치인들이 표방하는 이미지는 여론조사를 통해 파악한 대중의 욕구를 투영하는 경우가 많다. 어디에나 있지만 그 누구도 아닌, 수천 개의 얼굴 없는 눈을 신경 쓴다. 이처럼 너도나도 '열망'의 대상이 되기를 원한다. 자신이 속한 집단이 작든 크든 누구나 그 속에서 자신을 사랑하기 위해 노력하거나 스마트폰 액정에 비친 자신의 모습을 끊임없이 바라보려고 한다. 이 새로운 '열망' 현상에는 변명이나 정당화가 필요하지 않다는 점에서 이를 나르시시즘의 일종으로 볼 수 있다. 개인의 진정한 자질을 인정하거나 고유한 특성을 존중하는 것에는 전혀 관심이 없고, 오직 남들에게 보이는 이미지에만 열광한다. 나이를 불문하고 오늘날의 나르키소스는 오직 타인을 만족시킬 때만 자신에게 만족하고, 또 스스로 만족하기 위해 타인을 만족시키려고 한다. 일종의 최면과도 같은 이런 생각이 사회에 널리 퍼져 있다. 상(像)이 사유를 대체하고 만 것이다.

"자신과 사랑에 빠진
이에게 라이벌은 없다."

벤저민 프랭클린
Benjamin Franklin

나르키소스는 왜
타인의 사랑을 거부했을까?

우리는 앞에서 자신의 모습과 사랑에 빠져 죽음을 맞이한 나르키소스 신화를 간단히 살펴보았다. 이보다 더 상세하고 시적인 나르키소스 이야기는 고대 로마의 시인 오비디우스^{Ovide}의 서사시, 《메타모르포세스(변신 이야기)》에서 찾을 수 있다. 여기서 나르키소스는 아름다운 강의 요정 리리오페의 아들로, 거부할 수 없는 미모의 청년으로 그려진다.

어느 날 리리오페가 눈먼 예언가 테이레시아스에게 물었다.

"테이레시아스 님, 제 아이가 오래오래 잘 살 수 있을까요?"

그러자 나르키소스의 아름다움이 훗날 그에게 미칠 치명적인 영향을 미리 내다 본 테이레시아스는 수수께끼와 같은 답을 남겼다.

"자신을 알지 못한다면 그럴 것이다."

오비디우스는 나르키소스를 "아이의 생기발랄함과 청년의 광채를 가졌다"고 묘사했다. 나르키소스는 숲속 이곳저곳을 누비며 사슴을 쫓고 사냥했다. 그는 자신도 모르는 사이에, 어쩌면 진정한 행복이었을지도 모를 행복을 느꼈다. **타인의 사랑을 거부했고 자기 자신만으로 만족해했다.** 물론 나르키소스를 본 사람은 남녀를 가리지 않고 누구든 사랑에 빠져 그를 열망했지만, 순진한 나르키소스는 그러한 사실조차 알아채지 못했다. 이후 깊은 절망에 빠지기 전, 이때의 행복했던 나르키소스의 모습을 한 번 상상해 보자. 나르키소스의 행복은 그가 자신의 모습을 알게 되고, 다른 사람들과 마찬가지로 자신의 매력에 빠지지만 않았더라면 영원히 지속됐을 것이다.

나르키소스의 추종자 중 가장 열성적이었던 건 수다스러운 님프, 에코였다. 에코는 헤라의 분노를 사 누구에게도 먼저 말을 걸지 못하고 다른 사람의 마지막 말을 반복해야 하는 저주를 받았다. 평생 세상의 소리와 타인의 목소리를 희미하게 따라 할 수밖에 없게 된 것이다. 에코가 이런 가혹한 벌을 받게 된 것은 제우스가 숲속의 님프들과 사랑을 나누는 동안 그를 찾아온 헤라를 가로막아 수다를 떨며 방해했기 때문이었다. 따라서 누군가 말을 먼저 걸지 않는 이상 말을 할 수 없게 된 가엾은 에코는 아름답고 순진한 나르키소스를 몰래 조용히 따라다녔다. 그러던 어느 날, 땅에 떨어진 나뭇가지를 밟아 소리를 내고 만다.

"거기 누구 있어요?"

나르키소스가 어둠이 내린 나무 사이로 물었다.

"…있어요?"

에코는 메아리쳤다.

"이리 나와요!"

나르키소스는 소리쳤다.

"…나와요!"

감동한 에코는 두 팔을 벌리고 뛰쳐나와 그를 껴안으려 했다.

하지만 고독한 사냥꾼이었던 나르키소스는 에코를 강하게 거부했다.

"어림도 없어!"

에코는 또다시 메아리쳤다.

"…없어!"

화가 난 나르키소스는 에코를 철저히 무시한 채 떠나버렸다. 나르키소스의 완강한 거부에 절망한 에코는 자신만의 세계에 틀어박히게 되고, 나날이 수척해지다 못해 피부와 살점은 사라지고 뼈는 돌이 되었다. 그 후, 바위로 변한 에코는 고요한 자연 속에서 큰소리로 외치는 누군가의 마지막 음절을 되풀이하는 메아리가 되었다. 물론 나르키소스는 계속해서 고독한 생활을 이어나간다.

나르키소스는 어떻게
나르시시스트가 되었을까?

그건 사실 너무한 일이었다! 에코의 사랑을 비롯해 너무나 많은 사랑을 좌절시켰다는 이유로 네메시스는 나르키소스에게 저주를 내린다. "미친 듯이 강렬한 사랑에 빠지되, 사랑하는 사람을 가지지 못하는 고통을 느끼게 될 것이다!"

고독하고 사교성이 부족했던 나르키소스로서는 크게 문제될 게 없어 보였다. 하지만 어느 날, 그날따라 유난히 맑은 샘물을 마시려 몸을 숙인 나르키소스는 샘물에 비친 자신의 모습을 보게 되었고, 그 순간 자신의 아름다움에 넋을 빼앗긴다. 곧 "별처럼 빛나는 두 눈, 금빛 머리칼, 상아처럼 매끈한 목, 매력적인 입매, 눈처럼 새하얀 살결"을 지닌 자신의 모습과 사랑에 빠지고 만다.

테이레시아스가 예언했던 것처럼, 나르키소스는 결국 '자신을 알게' 되었다. 에코를 비롯해 자신을 사랑했던 이들이 겪었던 절망과 극심한 고통을 그도 알게 될 터였다. 자기 자신과 깊은 사랑에 빠진 나르키소스는 샘물 가까이 몸을 기울이고 표면에 비친 자신을 만지려 손을 뻗었다. 자신의 겉모습을 너무나 갈망한 나머지 그는 그림자에 불과한 것을 살아 있는 육신으로 착각하고 만다. 그리고 물결에 일렁이는 그림자에 입 맞추기 위해 다가갔지만, 가까이 가면 갈수록 물에 비친 그림자는 그를 피했다. 나르키소스에게 팔을

뻗기도 하고 입맞춤을 원하는 듯 보이다가도 막상 다가가 입술을 맞추면 그림자는 흔들리다 사라져버렸다.

나르키소스는 지옥과도 같은 고통에 사로잡혔다. 사랑하려면 자신의 육신을 비추는 샘물과 닿아선 안 되었지만, 그것만을 사랑했기 때문에 닿지 않고는 배길 수 없었다. 대체 어떻게 해야 한단 말인가! 나르키소스는 그저 눈물을 흘렸다. 너무나 고통스러웠다. 나르키소스는 나날이 수척해졌고, 말라가다 결국 물에 빠져 스스로 목숨을 끊었다. 죽기 전 나르키소스는 읊조렸다. "나의 허망한 사랑, 이제 안녕!" 눈에 보이지는 않지만 한순간도 그의 주변을 떠난 적

없었던 에코의 슬픈 목소리도 함께 울려 퍼졌다. "…안녕!" 그리고 얼마 후, 나르키소스가 자신과 사랑에 빠졌고, 또 목숨을 끊은 바로 그 장소인 텅 빈 하늘만을 비추는 샘물가에서 하얀 꽃잎으로 둘린 중심부가 샛노란 꽃 한 송이가 피어올랐다.

나르키소스 신화가 말하고자 하는 것은
세상의 균형일까?

　　　　　　　나르키소스의 삶을 크게 둘로 나누어 볼 때, 첫 번째는 아무것도 모르고 행복하기만 했던 시기라 할 수 있다. 이때의 나르키소스는 혼자서도 충분했고, 숲속에서 사냥하고 고독을 즐기는 일상에 온전히 만족해했다. 다만 이때는 자신의 모습을 보지 못한 채로, 다른 누구도 필요하지 않았고 오직 자신에게만 에너지를 쏟았다. 타인의 사랑을 성가셔했고 매몰차게 거부했다. 네메시스가 내린 저주로 인해 나르키소스가 자신의 모습을 샘물에 비추어 보고 사랑에 빠지게 되면서 일어난 비극은 이보다 한참 뒤의 이야기이다.

　　나르키소스는 누구와의 사랑도, 접촉도 없이 혼자서 지

내길 원했다. 하지만 나르키소스의 삶은 그가 바라던 대로 흘러가지 못했다. 우주, 자연, 타인과의 관계 등 보편적인 세상의 균형을 중요하게 보았던 그리스 신화의 관점에서 볼 때, 나르키소스가 타인과의 모든 관계, 결합, 사랑을 멸시하고 거부한 것은 자연의 이치를 거스르는 것이었기 때문이다. 세상과 인간의 삶이 계속되려면 접촉, 교류, 사랑이 필요한 법이다. 따라서 힘의 균형을 주관하는 신 네메시스는 이를 거부했던 나르키소스를 벌하기 위해 찌는 더위를 지상으로 내려보냈고, 나르키소스는 목을 축이러 샘물에 몸을 숙이다 그만 자신의 모습과 마주하게 된다. 다른 사람들과 마찬가지로 자신의 치명적인 아름다움에서 헤어 나오지 못한 나르키소스는 물에 비친 자신의 모습과 사랑에 빠지지만, 그 사랑을 돌려받지 못하는 끔찍한 고통을 겪는다. 그리고 결국 죽음이라는 결말을 맞이한다.

신화는 이렇듯 만물의 상호작용과 균형을 우주의 필수적 요소로 본다. 잔혹함과 시적인 아름다움이 섞인 나르키소스 신화는 우리에게 사랑받길 원하지 않는 사람은 욕망의 필수적인 상호작용을 거부한 죄로 죽음을 맞이할 수밖에 없다는 사실을 알려준다.

'나르시시즘'이란 용어는
어떻게 탄생했을까?

　　　　　나르키소스의 슬픈 이야기는 수 백 년에 걸쳐 전해져 내려왔지만, '나르시시즘'이라는 용어가 실제로 사용된 것은 비교적 최근의 일이다. 나르시시즘이라는 용어는 19세기에 들어서 정신과 의사들이 나르키소스와 에코 신화로부터 만들어 낸 것이다. 의학 용어인 동시에 윤리학 용어이기도 한 '나르시시즘'은 당시에는 변태 성욕을 의미했다. 독일 정신과 전문의 파울 네케Paul Näcke는 나르시시즘을 이렇게 정의했다. "나르시시즘이란 한 사람이 자신의 몸을 응시하고, 애무하고, 어루만지는 행위에서 성적인 만족감을 느끼는 행동 양식을 말한다." 당시 사람들이 옳다고 믿었던 '정상적'인 성애란 타인, 특히 이성과의 관계에서 이루어지는 것이었기 때문에 자신을 성적으로 사랑하는 것은 병적이고 비정상적인 것으로 여겨졌다. 오늘날은 전혀 그렇지 않지만 말이다.

　후에, 지그문트 프로이트Sigmund Freud와 그의 제자들은 나르시시즘의 의미를 더욱 확장했다. 인간이란 존재가 요람에서 무덤까지 나르시시즘과 필연적으로 관련이 있다는 것을 증명했고, 나르시시즘을 정신발달에 있어 정상적이고 필수적인 단계로 보았다. 누구나 성장하면서 반드시 거치고 지나가는 단계이지만 누구든 되돌아갈 수도 있다는 것이다. 이후 나르시시즘은 존재 방식, 경향, 성격 혹은 행동 양식을 정의하는 일상적인 용어로 널리 쓰이게 되었다. 또한, 자신의 겉모습에 대한 지나친 사랑, 자신의 이미지를 감상하면서 느끼는 병적이거나 집착에 가까운 기쁨, 그리고 심지어는 자신의 몸과 미적, 성적 기쁨에 대한 지나친 관심도 나르시시즘의 한 종류로 여기게 되었다.

따라서 나르시시즘은 혼자인 나에 대해 쾌락을 느끼면서도 결코 그 정도가 충분치 않다고 여기거나 혹은 공허함을 느껴 끝없이 고통받는 상태이다. 주로 타인에 대한 비하나 멸시를 동반하기도 하는데, 이는 나르시시스트가 자신 외에 다른 사람을 사랑하는 데 큰 어려움을 겪기 때문이다. 나르시시스트는 자신을 향한 타인의 사랑에는 대부분 무관심한 편이지만, 자신이 스포트라이트를 받는 사랑이라면 또 관심을 가진다. 또한, 거울이야말로 나르시시스트의 상징이자 그가 가장 좋아하는 물건이다. 어디서든 자신을 비춰보고 자신의 모습에 감탄하며 타인이 동경할 만한 모습을 추구한다. 나르시시스트는 감탄이나 칭찬이 섞여 있지 않은 타인의 시선과 말에는 관심이 없다. 자신이 너무나 뛰어나다고 믿기 때문에 타인은 거들떠보지도 않는 것이다.

나르키소스의 어떤 점이
철학자들의 관심을 끌었을까?

　　　　　　　나르키소스 신화는 자기애와 죽음의 관계, 이미지가 가지는 유혹적인 힘, 허상을 만들어 내는 난폭한 욕망뿐 아니라 정체성, 스스로 원했던 혹은 원하지 않았던 고독과 그것이 미치는 영향, 실제와 허상, 신체와 그림자, 상(像)에 대한 수많은 철학적 질문을 낳았다.

　나르키소스 신화는 수백 년이 흘러 심리학자들에 의해 재조명되기 전까지 철학자와 윤리학자, 시간이 조금 더 흐른 뒤에는 시인과 화가들의 관심을 불러일으켰다. 나르키소스 신화를 일종의 우화로 보고 교훈을 찾으려 했던 사람들도 있었지만, 많은 철학자는 그림자 혹은 상(像)으로 대변되는 허상이 현실을 위협하는 상황에 주목했다. 이들은 생각의 옳고 그름을 확인하는 데 도움을 줄 다른 사람과 교류하지 않았던 나르키소스가 결국 자신의 잘못된 생각에 속았다고 보았다. 즉, 물에 비친 허상이 그의 불행을 불러왔다는 것이다.

한편, 만물의 실재나 진실이 아니라, 그림자에 집착하는 인간의 모습을 비난했던 그리스 철학자이자, 소크라테스의 제자인 플라톤^{Platon}이 나르키소스 신화를 단 한 번도 언급한 적이 없다는 사실은 조금 놀랍다. 아마 그는 자신만의 철학적 신화를 만들어 그의 이상 국가론을 설명하고 싶었을지도 모른다. 플라톤은 그의 저서 《국가》 제7권에 등장하는 '동굴의 비유' 편에서 인간의 삶을 동굴 구석에 유배된 죄수의 상태에 비유한다. 죄수는 동굴 벽을 비추는 불빛이 만들어 낸 그림자를 실체로 인식한다. 하지만 이 그림자는 동굴 밖을 지나가는 사람들이 만들어 낸, 쉴 새 없이 변하고 깜빡거리는 2차원의 상(像)에 불과하다. 플라톤은 이를 통해 불연속적이고 가변적인 형태에 몰두하는 인간은 감각적 삶, 즉 동굴 속에서 본질적인 현실을 결코 알 수 없다는 사실을 말하고자 했으며, 이 본질적인 현실을 '이데아'라고 불렀다. 하지만 그는 인간이 자기 자신과 사랑에 빠질 수도 있다는 사실은 고려하지 않았다. 동굴 속에 묶인 무지한 인간은 자신을 알 수도, 자신을 사랑할 수도 없으며 그들의 불행은 여기서 시작되었다고 보았다. 반면, 잘 알려진 플라톤의 철학 중에서 본질적인 면에서 나르시시즘과 비슷한 것이 또 하나 있

다. 바로 《향연》에 등장하는 아리스토파네스라는 인물이 '에
로스의 힘'이라고 부른 '사랑에 대한 욕망'이다. 태초의 인간
은 둘이지만 하나의 형태를 이루고 있었다. 즉, 여성과 남
성, 여성과 여성, 남성과 남성이 두 개의 성으로 나뉘지 않
고 서로 등이 붙은 하나의 '안드로기노스족'이란 이름으로
존재했다. 그러던 어느 날, 이들은 신의 자리를 넘보겠다는
오만한 생각으로 하늘을 올랐고, 이에 분노한 제우스는 붙
어 있던 두 몸을 반으로 가른 후, 온통 뒤섞어 버리는 벌을
내린다. 이들은 서로 뿔뿔이 흩어져 세계 방방곡곡을 떠돌
게 되었고, 그 이후로 사랑이란, 잃어버린 자신의 반쪽을 필
사적으로 찾는 일이 되었다. 에로스의 본질에 대한 이 이야

기는 조금 이상하게 들릴지도 모른다. 왜냐하면 플라톤이 말하는 진정한 사랑이란 잃어버린 반쪽과 재결합하여 하나가 된 자기 자신에 대한 사랑이며, 사랑의 욕망이란 잃어버린 반쪽 자아, 다시 말해, 자신의 모습이 아니라 부재(不在) 혹은 추억의 그림자에 대한 헛된 애정이라는 사실을 함축하고 있기 때문이다.

플라톤과 달리, 고대 그리스 철학자 플로티노스Plotin는 그의 저서 《엔네아데스》에서 나르키소스 신화를 여러 번 언급하며 남자든 여자든 "몸의 신체적, 외면적 아름다움을 경계"해야 한다고 말한다. 그에 따르면, 외적인 아름다움은 매력적이지만 물에 비친 모습처럼 허상에 불과하다. 또한, 타인의 육체에서만 매력을 느끼는 사람은 그 안에 있는 영혼을 보지 못하고, 결국 영혼이 "지혜가 미치지 못하는 어둡고 깊은 구렁" 속에 빠져버린 나르키소스와 같은 결말을 맞이하게 될 것이라고 보았다.

이후 등장한 기독교 사상은 나르키소스 신화를 감각적 쾌락의 추구와 자만심(자만심은 기독교에서 말하는 '일곱 가

지의 죄'에 속하지는 않지만, 그중 하나인 '교만'의 일종이다)에 대한 경고의 메시지로 보았다. 이후 바로크 시대에 와서 교회는 나르키소스 신화를 본보기로 삼아, 하나님의 사랑에 대한 거부와 모욕으로 여겨지는 극단적인 자기애와 감각적 쾌락의 추구는 결국 고통, 광기, 죽음을 낳는 죄악이라는 것을 보여주기 위해 화가들에게 나르키소스에 대한 그림을 그리게 했다. 또 윤리주의자들은 함정에 불과한 선악과를 탐했던 아담과 마찬가지로, 겉모습만을 탐닉한 나르키소스도 불행해지고 '타락'할 운명이었다고 보았다. 그런가 하면 시인들은 나르키소스가 일종의 꽃의 형태로 '부활'할 운명이라고 보기도 했다.

자기애에도 좋고
나쁜 것이 있을까?

고대 그리스 철학자 아리스토텔레스Aristote는 우애를 뜻하는 '필리아Philia'를 매우 중요하게 생각했다. 아리스토텔레스는 '타인과의 나눔의 기술'인 우애를 미덕이자 지혜로 보았다. 하지만 놀랍게도 진정한 우애, 즉 '필리아'는 진정한 자기애를 뜻하는 '필로티아Philautia'에

뿌리를 둔다. 필로티아란 외적인 아름다움, 자기 찬양, 이기심 혹은 자만심으로부터 자신에 대한 사랑을 느끼는 것이 아니라, 다른 사람에게서도 찾을 수 있는, 나의 내면의 '합리적이고 이성적인 면'을 인정하는 것을 말한다.

드디어 나르시시즘과는 다른 방식으로 자신을 사랑하는 방법이 등장했다! 나를 인간답게 만들어 주는 나의 내면을 사랑하는 현명한 방법인 것이다. 아리스토텔레스가 "타인을 또 다른 나처럼 사랑하라"고 했던 것은 우연한 만남에서 행복을 발견하고, 타인과 내가 진정으로 조화를 이룰 수 있다는 가능성을 말하고자 했던 것이다. 그러나 이와 정반대로 친구를 나를 비추는 거울처럼 생각하는 나르시시즘적인 우애도 있다. 혹은 나를 보는 것 같은 착각이 들 정도로 나와 닮은 사람을 친구로 삼는 경우도 여기에 해당한다. 두 친구는 이렇게 서로를 비추는 거울의 역할을 할 수도 있지만, 이때의 친애란 부자연스럽고 깨지기 쉽기 때문에 착각에서 벗어났을 때 실망하게 될 수도 있다. 아리스토텔레스는 또한 "못된" 사람 혹은 "미덕이 없는" 사람은 자기 자신을 진정으로 사랑할 수 없다고 말한다. 반면, "좋은 사람"은 자기 자신의 진정하고 유일한 친구라고 믿었다. 자신을 사랑하되, 타인의 세계와 연결되는 나의 내면의 보편적인 점을 사랑한다는 것이다.

따라서 역설적이게도 진정한 친구란 "내게 그다지 필요하지 않은" 존재이다. 합리적이고 이성적으로 나를 사랑하는 것은 내게 충만함을 준다. 따라서 진정한 우애란 불행이나 고독 혹은 결핍을 채워주는 관계가 아니다. 그러니 이상적으로 나는 누구든 사랑할 수 있다! 그리고 나는 타인의 있는 그대로의 모습만으로도 그를 좋아할 수 있다. 심지어는 타인이 내 곁에 없어도 괜찮다. 아리스토텔레스에 따르면 우애가 주는 기쁨이란 "서로 합의된 자유로운 나눔과 구속 없이 함께하는 삶"에서 나온다. 나르시시즘이 주는 비극적이고 비참한 상황에서는 느낄 수 없는 기쁨이다.

아무리 자기애의 필요성을 강조했던 철학자라 하더라도 나르시시즘을 위험한 것으로 본 이유가 바로 이것이다. 우리는 "나를 사랑하는 것"과 "타인보다 나를 더 선호하는 것"을 혼동하곤 한다. 타인보다 나를 더 선호하는 것은 나를 사랑하는 것만큼이나 인간적인 감정이지만 이기주의나 자기중심주의에 빠지기 쉽다. 실제로 자기애란 생물학적으로 필요할 뿐만 아니라, 심리학적이나 자기 정체성에 관련해서도 꼭 필요한 것이다. 인간은 설명하기 힘들 정도로 자신에 대해 강한 애착을 가진다. 자기 보존이라고도 불리는 이 감정은 본능적으로 인간이 생명을 유지하거나, 고통으로부터 자신을 지키거나 혹은 고통을 피하도록 해 준다. 그래서 인간은 먹고, 자신을 보호하고 돌보는 것이다. 게다가 '나는'이라고 말을 시작하는 것만 봐도 나에 대한 애착과 내 안의 어떤 것과 지속적인 연결고리를 가지고 있다는 것을 알 수 있다. 주체로서 존재하는 것이 자기 자신에 대한 언어적, 존재론적 애착을 함축하고 있기 때문이다.

"사물과 형태는
본연의 모습에 집착하지 않는다.
움직일 때는 물과 같고,
머물러 있을 때는 거울과 같고,
대답할 때는 메아리와 같다."

노자
Lao-tseu

나르키소스가 프로이트의
진료 의자에 앉기까지

　　　　　　한때 철학과 윤리학을 휩쓸었던
나르키소스 신화는 현대 심리학의 탄생과 발전에 따라 다시
주목을 받게 되었다. 19세기에 이미 파울 네케와 영국의 정
신과 의사 헤이브록 엘리스Havelock Ellis가 여러 애착 행동들을
구분하기 위해 나르시시즘을 행동 양식 및 성적 성향으로
정의한 바 있다. 당시 나르시시즘이란 타인에게 '돌봄'을 받
기 원하는 비정상적인 태도를 가리켰다. 그러나 20세기에
이르러 무의식을 발견한 프로이트에 의해 나르시시즘은 정
신분석학적 개념으로 탈바꿈했다. 프로이트는 1914년부터
나르시시즘을 인간 본연의 상태로 규정하고자 했다. 인간이
라면 누구나 이 상태를 거칠 수밖에 없는데, 이는 누구나 태
아 시절부터 엄마 뱃속에서 떠다니며 긴장이나 욕구를 느끼
지 않고 거의 자급자족하기 때문이다. 따뜻함, 무중력 상태,
오로지 자신만을 위해 작동하는 신체가 주는 안락함까지,
태아는 자기 보존만을 신경 쓸 뿐이다.

　태아가 인격이 있다고 할 수는 없지만, 자기 보존만 한다
는 점에서 자기 자신을 사랑한다고 말할 수 있다. 이러한 '태

초의 본능적인 나르시시즘'은 태아의 출생 이후, 자신의 고통, 즉 배고픔과 추위를 덜어주고, 자신을 감싸고 보호해 주는 엄마의 품에서 성장할 때까지 이어진다. 아기는 아직 자아와 타인에 대한 개념이 없기 때문에 자신과 외부 세계를 구분하지 못한다. 하지만 어쩌면 이 시기에 이미 무의식의 한구석에서 행복과 절대적 자기애의 가장 강력하고 지속적인 형태가 만들어졌을 수도 있다.

프로이트는 일부 동양 사상에서 '열반'이라고 부르는, "모든 긴장이 사라진" 상태에서 기쁨을 느끼는 이 태초의 시기를 인간이 평생 그리워한다고 보았다. 그렇다면 인간은 모두 나르시시스트일까? 그렇다! 누구나 삶이 시작하는 시기부터 절대 사라지지 않는 기억을 가지니 말이다.

하지만 아이가 자라면서 어느 순간이 되면, 자기 폐쇄적 상태와 '혼자가 주는, 혼자서 느끼는 기쁨'에서 벗어나는 때가 온다. 자신과 타인을 구분해야 하는 고통스러운 단계에 직면하게 되는 것이다. 자신을 거울에 비춰보면서 나라는 존재와 마주하고, 타인과 자신을 구별해야 하는, 기쁘지만 한편으로는 걱정스러운 경험을 하게 된다. 프랑스 정신분석학자 자크 라캉Jacques Lacan은 이 경험을 '거울 단계'라 불렀다.

사회성을 기르려면 아이는 태초의 자급자족 상태에서 벗

어나야만 한다. 나는 타인이 아니고, 타인도 내가 아니라는 사실을 깨닫게 될 때, 비로소 고유한 나 자신, 나의 내면, 나만의 의식이 탄생한다. 충격적인 경험일 수밖에 없다!

그렇다고 다시 '기쁨'을 느낄 새로운 방법이 없는 것은 아니다. 내가 아닌 다른 사람을 사랑하면 된다. 바로 엄마를 말이다! 아이에게 따뜻한 가슴, 품, 세상이었던 엄마는 이제 한 사람으로서 인식하게 된다.

사회와 문화적 규범에 따라 어린아이는 조금씩 태초의 사랑, 즉 엄마와 가족에서 벗어나, 가족이 아닌 조금 더 먼 대상인 이성 혹은 동성을 사랑할 것을 강요받는다. 그리고 이 대상을 통해 충만함을 얻고 사랑의 상태에 도달하기를 꿈꾼다.

그런가 하면, 사랑하는 사람을 통해서는 충만함을 얻지

못한다는 사실을 깨닫고 다시 홀로 신체적, 정신적 기쁨을 누리던 시절로 돌아가기도 한다. 이 단계를 프로이트는 '두 번째 나르시시즘'이라고 불렀다. 타인이라는 개념이 정립되지 않았던 아기 때의 나르시시즘과는 달리, 두 번째 나르시시즘은 내재적이거나 모호하지 않고 오히려 매우 발전된 형태를 띤다. 이제는 자신과 타인을 인식하지 않기란 불가능하기 때문이다. 태초의 나르시시즘은 자아가 부재한 상태에서 생겨났다. 하지만 두 번째 나르시시즘은 자아에 대한 애착, 혼자서 느끼는 강렬한 기쁨, 그리고 자신만의 고유한 이미지를 탄생시킨다. 자신을 즐기기 위해 타인을 이용하는 것도 서슴지 않는다!

여기서 발생하는 이기주의와 자기중심주의는 유용하고 생산적인 면도 가진다. 프로이트에 따르면 자아는 위험한 충동으로부터 나를 보호해 준다. 그리고 이기주의는 예를 들어, 폭력적인 성적 충동이 자기 파괴적 행동으로 이어지기 전에 경보음을 울리는 역할을 한다. 따라서 지나친 이기주의와 나르시시즘만이 위험하다고 보았다.

또한 프로이트는 잠을 자는 것이야말로 나르시시스트의 상태로 돌아가는 것이라고 보았다. "외부 세계에서 벗어나기 위해 꼭 필요하며 완전히 이기주의적인 방법"이라는 것이다. 수면이 우리에게 꼭 필요한 이유는 무엇일까? 수면을 통해 우리는 꿈을 꾸고, 만약 꿈을 꾸지 못하면 곧바로 정신적 균형에 적신호가 켜지기 때문이다.

거울아, 거울아,
이 세상에서 누가 가장 예쁘니?

사실 나르키소스 신화는 매우 비극적인 예이고, 그것이 그리는 인물들의 모습은 모호하다. 따라서 나르시시즘에는 여러 유형이 있다는 사실을 알고 이를 구분할 필요가 있다. 그중 사회적 편견에 의해 탄생했고, 오늘날 여자 아이들이 외모에 집착하게 만든 장본인이 하나 있다. 이번에는 신화가 아니라, 대단한 여성 나르시시스트가 등장하는 유명한 동화, 백설 공주 이야기이다. 백설 공주의 끔찍한 계모인 왕비는 날마다 마법 거울 앞에서 질문하며 오랜 시간을 보냈다. 이 마법 거울은 타인의 시선, 남성의 욕망, 다른 여성들의 동경과 시샘을 상징한다. 물론 왕비 자신의 시선도 포함한다. 이 유명한 마법 거울은 매일 집착에 가까운 왕비의 질문에 대답해야 했다. "거울아, 거울아, 이 세상에서 누가 가장 예쁘니?" 거울은 왕비의 유일한 기

뿐인, 왕비 자신이 세상에서 가장 예쁘다는 신념이 옳다는 것을 매일 확인해주었다. 이렇게 자신의 외모를 평가받고 싶어 했던 왕비의 행동은 일종의 불안에서 비롯되었다고 할 수 있다. 그리고 이 불안은 거울이 "폐하. 이 세상에서 가장 예쁜 사람은 백설 공주입니다!"란 대답을 내놓은 어느 날, 폭력과 범죄로 이어졌다. 이 대답을 들은 왕비는 화가나 견딜 수가 없었다. 나르시시스트인 왕비에게 씻을 수 없는 깊은 상처를 남긴 것이다. 왕비가 원했던 것은 최상급의 표현이지 그냥 예쁘다거나, 꽤 매력적이라는 비교급의 표현이 아니었기 때문이다. 왕비는 어떤 여성도 겨루지 못할 만큼 가장 예뻐야 했다. 왕비에게 있어 아름다움이란 남성의 욕망을 충족시키기 위한 것이 아니라, 그 욕망을 부추기고 선호 대상이 된다는 사실 자체를 즐기기 위해서 필요한 것이었다. 왕비가 보여주는 여성적 나르시시즘은 여성들 사이의 문제이다. 남성의 시선은 여성의 질투를 불러일으키는 수단인 동시에 일시적인 승리감을 안겨주는 도구에 불과하다. 이처럼 한 여성이 새로 산 원피스를 뽐내는 것은 다른 여성들의 평가를 기대하는 심리가 크다. 어린 백설 공주가 풋풋하고 눈부신 아름다움으로 왕비의 콧대를 꺾었을 때, 왕비는 엄청난 절망을 느꼈고, 이는 내면의 살인 충동을 깨웠다.

자신을 능가하는 이미지를 가진 백설 공주를 없애버리고 쫓아버리고 죽여야만 했다.

우리는 여기서 시간이 모든 나르키소스의 적인 이유와 왕비가 다른 여성 나르시시스트와 마찬가지로 자신의 유리 속에서 영원히 보존될 변하지 않는 모습을 꿈꿨던 이유를 알 수 있다. 왕비가 원했던 완벽한 모습을 망가뜨리고 훼손한 것이 바로 시간이었기 때문이다. 아일랜드 작가 오스카 와일드Oscar Wilde의 《도리언 그레이의 초상》에서 영원히 젊고 아름답고 싶었던 주인공 도리언 그레이는 자신의 초상화가 대신 늙어가도록 했다. 이처럼 나르시시스트는 멈춰진 시간 속에서만 살 수 있다. 도리언 그레이는 자신을 대신해 그림이 추악해지도록 하는 묘책을 내놓았지만, 안타깝게도 그가 원한 대로 되지는 못했다.

나르키소스 신화의 이미지를 적극적으로 활용한 영화도 있다. 빌리 와일더Billy Wilder 감독이 1950년에 촬영한 〈선셋 대로〉는 여성 나르시시스트의 끔찍하고 치명적인 모습을 가장 비극적으로 그려낸 영화 중 하나이다. 이번에는 동화 속 나쁜 왕비가 아니라 할리우드 스타, 노마 데스몬드의 이야기이다. 노마 데스몬드는 무성 영화 시절 매우 유명했지만, 시간이 흐르면서 대중에게서 잊힌 배우이다. "시간이 지나면서 모든 게 바뀌었어!" 노마 데스몬드는 말한다. 유성 영화가 등장하고 노마는 나이가 들었다. 호화 빌라에 갇혀 자신의 젊은 시절의 모습을 담은 수천 장의 사진에 둘러싸인 채, 노마는 치매에 걸리기 전까지 자신의 아름다움은 여전하고, 수백만 명의 팬들이 자신의 새로운 작품을 기다리고 있다고 끊임없이 되뇐다.

노마의 거울이자, 그가 바라보는 시간을 초월한 샘물은 바로 늘 같은 나이의 모습을 한, 셀 수 없이 많은 그녀의 사진들이다. 노마는 자신에게 다가오는 남성들이 영원히 아름다운 자신의 모습에 반해 자신과 사랑에 빠질 수밖에 없다고 믿는다. 무정한 세월의 흐름을 인정하는 것 대신, 노마는 동화 속 왕비처럼 살인을 택한다. 자신의 얼굴에 대고 사랑하지 않는다고 말한 남성을 결국 죽이고 만 것이다. 체포되던 날, 정신이 나간 노마는 취재를 나온 언론의 카메라를 보고 드디어 자신이 주인공이 되어 영화를 찍고 있다고 믿는다. 나르시시스트는 이렇듯 타인을 공모자, 냉소적인 사기꾼 혹은 희생자로 만든다.

나르키소스는
몇 개의 얼굴을 가졌을까?

여성과 남성을 막론하고 나르키소스의 유형은 아주 많지만 그중 몇 가지만 살펴보도록 하자.

해바라기형 나르시시스트는 빛을 받기 위해 자신을 내미는 것에만 관심이 있다. 이 유형에 속하는 나르시시스트가 생각하고 말하는 것은 오로지 자신을 동경의 대상으로 만들기 위함이다. 자신을 뽐내는 데만 열중한 나머지, 남들에게 보이는 모습이 자신의 전부라고 생각한다. 그래서 때로는 필사적으로 자신을 비춰줄 조명이나 미디어, 명성을 좇는다. 하지만 해바라기형 나르시시스트는 더는 배역을 맡지 못하는 대중에게서 잊힌 배우나, 더는 어떤 프로그램에도 출연하지 못해 아무 존재도 아닌 것처럼 느끼는 한물간 TV 스타처럼, 서서히 몰락하고 암울한 절망에 빠져 결국 비참하게 버려진다.

그림자형 나르시시스트는 자신을 드러내지 않으려 한다. 입을 다물고, 어떤 일에도 끼어들지 않으며, 의견을 주장하지도 않는다. 하지만 자신에 대한 이상은 너무도 높고 그것을 너무도 사랑한 나머지, 아예 나서지 않는 편을 택한다.

괜히 자신을 드러냈다가 기대에 못 미치게 되면 자신 안의
나르시시즘에 생채기가 날까 봐 두렵기 때문이다. 별 볼 일
없는 사람 혹은 자신이 바라는 것에 못 미치는 사람이 되기
보다 그냥 아무것도 하지 않는 게 낫다는 것이다! 누군가 자
신을 먼저 알아봐 주길 바라고, 겸손하고 소심한 척하고, 결
국 어둠 속에 머무르는 것을 택한다. 이러한 가짜 겸손의 뒤
에는 오만함이 숨겨져 있다. 승자를 꿈꾸면서도 자신의 승
리가 아직 꽃피우지 못한 잠재력으로 남아있길 바라고, 타

인으로부터 이끌어낼 동경도 실현되지 못한 가능성으로 남겨두려 한다. 다시 말해, 자기가 애지중지하는 나르시시즘적 판타지를 지키고 싶어 한다.

성인군자형 나르시시스트는 모두의 눈뿐만 아니라, 자신의 눈에도 타의 모범, 성인 혹은 영웅의 모습으로 보이길 원한다. 윤리적, 합리적 혹은 심지어 친환경적, 인도주의적 관점에서 옳은 일을 한다고 믿으며 자신이 '옳은 행동'의 표상임을 자처한다. 남을 위해 자신을 희생하고 쾌락, 명예와 돈을 경시한다는 사실을 남들이 알아주길 바란다. 이 때문에 때로는 괜찮은 자리나 소소한 권력을 포기하기도 한다. 이들은 정치적 행동가, 자선가 혹은 인도주의 활동가이다. 자신보다 더 자연을 존중하고, 인권을 수호하고, 인류애를 지키는 사람은 없다. 오로지 자신만이 조용하지만 위대한 모범적 인물이기를 꿈꾼다. 덕행, 정의, 선(善), 인류, 자유와 같은 개념이 자기 자신보다 더 중요한 것처럼 행동한다. 만약 이들이 실제로 고생을 자처하거나 자신을 희생한다면 그것은 그런 행동을 한다는 사실 자체를 즐기기 때문이다.

질투형 나르시시스트는 더 공격적이다. 말솜씨가 뛰어난 촌철살인의 대가이다. 특히 성공한 사람을 공격하며 날카로운 언변으로 그들의 행동을 깎아내리고, 그들의 업적, 말 그리고 활동을 비난한다. 대중의 사랑을 받거나 유명세를 얻은 이들의 안타깝거나 수치스러울 수도 있는 모습을 파헤치고 비난하다 못해 만천하에 공개하려고 애쓴다. 자신에 대해서는 말을 아끼고 다른 사람들의 약점을 들추며, 그들이 동경의 대상이 될 자격이 없다는 사실을 알리려고 한다. 이렇게 질투형 나르시시스트는 타인을 깎아내리면서 자신의 가치가 올라간다고 믿고, 자신이 그럴 만한 자격이 있으며 남보다 뛰어나다고 생각한다.

조종자형 나르시시스트는 자신이 무한한 힘을 가졌다고 믿는다. 그가 가진 것 중에 가장 좋아하는 것은 바로 권력이다. 그만큼 매우 냉소적이다. 다른 사람들이 자신의 힘에 굴복한다는 사실을 끊임없이 확인하려고 한다. 자기가 원하는 대로 남에게 사랑받을 수 있길 원하고, 연약하고 순진한 존재에게 가식적으로 아첨하고, 칭찬과 찬양을 퍼붓거나 사랑하는 척하며 이들을 괴롭힌다. 타인의 애정에 목말라하고 인정받길 원하거나 자기 확신이 부족한 사람을 본능적으로 알아본다. 이들을 모욕하거나 파괴하는 데 거리낌이 없다. 이렇게 특별하고 위험한 자기 자신에 대한 만족감 뒤에는 거대한 고독, 마음속 깊은 곳에 남아 있는 수치심과 무능함에 대한 비정상적인 두려움이 자리하고 있다.

신경쇠약형 나르시시스트는 상상 속의 나쁜 일들로부터 항상 고통을 받고 그것에 대해 이야기하면서 즐거움을 느낀다. 자신의 몸을 끊임없이 검진하고, 병원에 방문하고, 웹사이트를 들락거리면서 새로운 질병에 대한 의심을 생성하고 키워나간다. 심각한 병일수록 더 좋아한다. 자신의 몸은 위험들로 가득 찬 모험과 같다. 하지만 실제로 병에 걸리기라도 하는 날에는, 즉 의사의 확진을 받는 경우에는 갑자기 자기 자신에 대해 신경을 꺼버린다. 더는 아무것도 알고 싶어 하지도 않고 그냥 외면해버린다. 실제로는 일어나지 않을 쓸데없는 걱정을 할 때만 자신을 아끼고 사랑하는 것이다!

인류는 나르키소스로 이루어진
거대한 집단일까?

시대와 사회 배경을 막론하고, 내면의 나르시시즘을 조금이나마 인정했건 부정했건 간에 인간은 누구나 한순간도 나르시시스트가 아니었던 적이 없다. 하지만 오늘날 나르시시즘이 현대 사회만의 특징으로 여겨지며, 부정적 인식이 개선되고 나르시시즘이 장려되는 이유는 무엇보다 우리 사회의 개인주의가 어느 때보다도 더 널리 퍼져 있기 때문일 것이다. 과거 수백 년 동안 자아정체성의 문제는 비교적 안정적이었다. 개개인은 성씨, 가문, 사회계급, 성별, 전통, 관습, 부족, 가족, 카스트나 민족과 같은 집단 내 지위에 의해 규정되었고 개개인의 개성이란 그저 상대적인 특징일 뿐이었다. 하지만 세계화와 함께 자아정체성이라는 문제가 가지는 안정성이 급속도로 무너지게 되었고, 개개인은 '기본 입자'가 되었다. 세계화, 자발적 및 비자발적 노마디즘(유목주의), 보편화된 교류, 정보통신 속도의 발전이 모든 체계를 뒤흔들었다. 대량 소비를 부추길 목적으로 만들어진 유행에 사람들은 민감해졌고, 개인으로서의 '나'가 중요해졌다. 오늘날 현대인이 단기간에 스스로 만들

그래서 모두 피상적인 정체성에 집착하게 되었다. 동시에 걱정스러울 정도로 자기 폐쇄적 성향을 보이고, 자신이나 가까운 사람 외엔 누구도 사랑하지 않게 되었다. '내가 아닌 사람'은 곧 낯선 존재로 치부되고, 거기서 두려움, 증오, 공포심을 느끼게 되었다. 현대의 나르시시즘은 개인적이면서 집단적이다. 특정 집단, 문화 혹은 종교의 유일하거나 우수한 특성을 자랑하는 '정체성 정치'가 '집단적 나르시시즘'의 잠재적 위험성을 단적으로 드러낸다. 모든 공동체는 그 안에서 만들어진 이미지만을 사랑할 위험이 있으며, 그렇게 되면 낯선 존재, 타인, 다른 장소에 대해서는 적대심과 공격

성을 표출하게 된다.

인종차별주의, 민족주의, 광신주의와 같은 현대 사회의 부정적인 이데올로기의 뒤에 바로 이 '집단적 나르시시즘'이 있다는 사실을 알아야 한다. '집단적'이라는 말과 '나르시시즘'은 얼핏 보면 서로 어울리지 않는 것처럼 보인다. 하지만 인종차별주의자는 자신의 혈통과 유전자가 더 우수하다는 사실에 만족해하고, 민족주의자는 자신이 세상에서 가장 위대한 국가의 일원이라는 생각에 빠져있으며, 광신도는 자신만이 절대적 진리를 가지고 있고 세상을 정화할 임무를 지닌다는 생각에 취해 있다. 이들은 모두 자기 자신과 자신의 신념에만 몰두한다. 타인에 대해 폭력적이고 파괴적인 성향을 지닌 나르시시스트 집단은 결국 폭력과 자기 파괴를 불러일으킬 수 있다.

프로이트는 모든 인간은 태어날 때부터 나르시시스트라고 말했다. 그래서 폴란드의 천문학자 코페르니쿠스^{Corpernic}가 지구가 우주의 중심이 아니라고 주장했을 때, 영국의 생물학자 다윈^{Darwin}이 인간이 생물 중 가장 뛰어나지도 않으며 다른 동물들과 마찬가지일 뿐이라고 주장했을 때, 인류의 자기애는 큰 상처를 입었다고 한다. 가장 최근의 예로는, 프로이트가 '의식적이고 합리적'인 자아는 전능하지 않으며 사실은 '무의식'이라는 모호한 힘의 지배를 받는다고 말했을 때도 마찬가지였다. 날 때부터 자기중심적이었던 한 아이가 학교에 처음 간 날, 자신은 그저 많은 학생 중 하나일 뿐이라는 사실을 깨달았을 때 받은 충격처럼, 인류도 여러 과학 이론의 등장으로 자기애에 손상을 입는 큰 고통을 느꼈다.

그렇다면 우리는
어떻게 해야 할까?

내가 나를 사랑할 수 있는데 굳이 다른 사람을 사랑해야 할 이유가 있을까? 이는 아주 훌륭한 나르시시즘적 질문이다. 나르키소스 신화에서 보았듯, 타인을 배제하고 나만을 사랑하는 사람에게는 광기나 죽음이라는 결말이 기다리고 있다. 내가 욕망하는 유일한 대상으로서의 자아는 불쑥불쑥 튀어나오는 충동을 이길 수 없다. 이 기적이기만 한 열정은 결국 자아를 삼켜버린다. 프로이트는 "강한 이기주의는 질병에 걸리는 것을 막아주는 하나의 보호막일 순 있지만, 병에 걸리지 않기 위해서는 결국 타인을 사랑해야 한다"고 말했다. 이것이 우리가 나르시시즘을 억눌러야 하는 이유이다. 역사는 계속해서 인류에게 타인을 사랑해야 할 뿐만 아니라, 때로는 그보다 더 어려운 타인으로부터 사랑을 받아야 한다는 사실을 가르쳐왔다. 이것이 지향하는 바는 어쩌면 평화일지도 모른다. 불안정성은 타인에 대한 신뢰를 갉아먹고 자기 폐쇄를 낳기 때문이다.

나르시시즘이 한 개인의 삶에서 매우 크고 필수적인 부분을 차지하는 것은 사실이다. 하지만 나와 닮은 점이 없는 타인과 함께하면서 기쁨을 얻고 나도 모르는 이유로 타인의 사랑을 받는 나 자신을 받아들이면서 애정과 생명, 개인과 우주의 균형이 맞춰진다. 이것이 바로 나르키소스 신화가 우리에게 주는 메시지가 아닐까?